Inhaltsverzeichnis

D1726151

Zu diesem Heft ist die gleichnamige CD „Reinhard Horn – Willkommen hier bei uns" erhältlich, die alle Lieder des Buches enthält. Als Bonus finden sich auf der CD fünf Versionen des Liedes „Happy Birthday" in den Sprachen Englisch, Arabisch, Italienisch, Spanisch und Portugiesisch.

Impressum

Titelaufnahme der Deutschen Bibliothek

Reinhard Horn – Willkommen hier bei uns

Texte: E. Bücken, D. Dicker, R. Feuersträter, R. Krenzer, R. Mölders, D. Schröder
Musik: Reinhard Horn

1. Auflage, Lippstadt 2015

Herausgeber:
KONTAKTE Musikverlag Ute Horn e. K., Windmüllerstr. 31, 59557 Lippstadt
VBE Verlag NRW GmbH, Westfalendamm 247, 44141 Dortmund
VBE Hessen e. V., Niedergärtenstr. 9, 63533 Mainhausen

Erschienen im:
KONTAKTE Musikverlag Ute Horn e. K., Windmüllerstr. 31, 59557 Lippstadt
Telefon 02941 14513, Telefax 02941 14654
E-Mail: info@kontakte-musikverlag.de, www.kontakte-musikverlag.de

VBE Verlag NRW GmbH, Westfalendamm 247, 44141 Dortmund
Telefon 0231 420061, Telefax 0231 433864
E-Mail: info@vbe-verlag.de, www.vbe-verlag.de

VBE Landesverband Hessen e. V., Niedergärtenstr. 9, 63533 Mainhausen
Telefon 06182 897510, Telefax 06182 897511
E-Mail: info@vbe-hessen.de, www.vbe-hessen.de

ISBN 978-3-89617-287-7 (KONTAKTE Musikverlag)
ISBN 978-3-934-528-38-3 (VBE Verlag NRW GmbH)

Redaktionsgruppe: Reinhard Horn, Ute Horn
Projektleitung, Koordination und Layout: Lars Becelewski, KONTAKTE Musikverlag
Grafik-Design und Illustration: Margret Bernard, Hamburg
Notensatz: Lars Becelewski, KONTAKTE Musikverlag, Lippstadt
Druck: Westermann Druck Zwickau GmbH, Zwickau
Foto Reinhard Horn: Michael Zargarinejad, Frankfurt

Zu diesem Liederheft ist die gleichnamige CD „Reinhard Horn – Willkommen hier bei uns"
im KONTAKTE Musikverlag und in der VBE Verlag NRW GmbH erschienen:
ISBN 978-3-89617-288-4 (KONTAKTE Musikverlag)
ISBN 978-3-934-528-39-0 (VBE Verlag NRW GmbH)

Dieses Heft wurde komplett in Deutschland hergestellt.

VORWORT

Ich werde jedes Jahr von vielen Schulen und Kitas zu Konzerten eingeladen. Dann reise ich mit meinem weißen Tourbus an und mache mich auf die Suche nach dem Lehrerzimmer oder dem Teamzimmer. Das erste Kind, das mir begegnet, bitte ich dann immer, mir dabei zu helfen. Wie wohltuend ist es, wenn das Kind dann sagt: „Komm mit, ich bringe dich dahin!" Und dann geht das Kind vorneweg und bringt mich zum gesuchten Zimmer. Das tut richtig gut! Jemand nimmt mich an die Hand und begleitet mich.

Das wünsche ich mir auch für die Menschen, die zu uns kommen – nach Tagen und Wochen des Unterwegsseins, der Angst, der Flucht und der Not: dass es dann Menschen gibt, die sagen: „Herzlich willkommen bei uns! Ich nehme dich an die Hand und begleite dich!" Und wenn wir die Sprache nicht können, dann hilft immer die Sprache der Musik: ein gemeinsames Lied, ein Rhythmus, Bewegungen und vor allem ein freundliches Lachen!

Deswegen habe ich hier Lieder zusammengestellt, die helfen „Willkommen hier bei uns!" zu sagen: Guten-Morgen-Lieder, Lieder über das Fremdsein, über Freundschaft – und natürlich dürfen auch Fußball-Lieder nicht fehlen.

Manche Lieder haben Texte in verschiedenen Sprachen, für alle Lieder gibt es Bewegungs- und Spielideen und zu manchen Liedern findet sich der Hinweis, dass man sich das Lied auf YouTube anschauen kann.

Ute Horn und Michael Landgraf hatten die Idee zu diesem Liederheft – ganz lieben Dank für eure Fantasie. Danke meinen Textautorinnen und -autoren, die ihre Ideen in den wunderbaren Liedern eingebracht haben: Eckart Bücken, Daniela Dicker, Reinhard Feuersträter, der verstorbene Rolf Krenzer, Rita Mölders, von der unter anderem der Text zu dem Titelsong „Willkommen hier bei uns im Haus!" stammt, Dorothe Schröder und Ulrich Walter für die Idee zum „Spiel ohne Worte".

Ich wünsche allen, die mit diesen Liedern arbeiten, gute Begegnungen, lachende Kindergesichter und stärkende Erfahrungen, so dass wir alle – wie es im Titelsong heißt – gemeinsam singen können:

Willkommen, willkommen, willkommen hier bei uns im Haus.
Willkommen, willkommen und nun erst mal Applaus!

Euer

Reinhard Horn

© KONTAKTE Musikverlag, 59557 Lippstadt
www.kontakte-musikverlag.de

VORWORT

Der Zuwanderungsstrom von Menschen aus kriegsgebeutelten und krisengeschüttelten Regionen hält an. Menschen, die von der Flucht und Vertreibung gezeichnet sind, kommen in unser Land.

Nicht überall stoßen sie auf Menschen, die sie willkommen heißen.
Dies spüren auch die Kinder und Jugendlichen, die von den bisherigen Erlebnissen traumatisiert sind.

Umso mehr müssen Schulen und Kitas ein besonderer Schutzraum sein, in dem sich diese Kinder sicher und geborgen fühlen und zur Ruhe kommen können. Wir möchten, dass sie vom ersten Moment an, in dem sie mit Schulen oder Kitas in Berührung kommen, das Gefühl haben: „Herzlich willkommen bei uns!"

Und solange die Sprachbarriere noch ein Hindernis ist, hilft die Sprache der Musik: ein gemeinsames Lied, ein Rhythmus, Bewegungen und vor allem ein freundliches Lachen!

Deswegen beteiligen sich die VBE-Landesverbände Hessen und NRW an diesem Projekt.
Wir wünschen allen Erzieherinnen und Erziehern sowie allen Lehrerinnen und Lehrern, dass sie mit diesen Liedern einen Baustein zu einer „Willkommenskultur" in Kita und Schule schaffen können.

Udo Beckmann,
Vorsitzender Verband Bildung
und Erziehung (VBE) NRW

Stefan Wesselmann,
Vorsitzender Verband Bildung und Erziehung
(VBE), Landesverband Hessen e. V.

© KONTAKTE Musikverlag, 59557 Lippstadt
www.kontakte-musikverlag.de

„Willkommen" – Ideen für die Arbeit mit Kindern

von Michael Landgraf

„Bin ich willkommen?": eine Frage, die sich jeder stellt, der irgendwo neu ankommt. Gerade für Kinder ist diese Frage mit Unsicherheit und Angst verbunden – wenn sie zum ersten Mal in die Kindertagesstätte gebracht oder wenn sie mit der Schultüte in der Hand eingeschult werden. Noch aufregender ist es, wenn Kinder in eine bereits bestehende Gruppe hineinkommen – beispielsweise bei einem Umzug. In der Kita oder in der Schule gibt es schon Freundesgruppen und man muss sehen, wo man seinen Platz findet. Wie schwer muss es da erst für Kinder sein, die aus einem fernen Land kommen, weil sie mit ihrer Familie dort nicht mehr leben konnten und fliehen mussten?

Wie können wir andere willkommen heißen? Wie kann eine Willkommenskultur in der Nachbarschaft, in der Kita oder in der Schule aussehen? Bereits früh sollten sich Kinder mit diesen Fragen beschäftigen. Dabei gibt es vielerlei Herausforderungen, die spielerisch mit Kindern geübt werden können. Die folgenden Ideen lassen sich gut mit Liedern des Liederhefts „Willkommen hier bei uns" verknüpfen: Zunächst geht es um das Nachempfinden, wie es ist, irgendwo fremd und vielleicht nicht willkommen zu sein, aber auch um das gute Gefühl, mit offenen Armen aufgenommen zu werden. In einer Körperübung können Kinder zeigen, wie eine abwehrende Körperhaltung aussieht – beispielsweise wenn Hände abwehrend nach vorne gehalten werden. Und sie können eine Körperhaltung finden, die zeigt, wie man jemand offen aufnimmt. In einem Gespräch wird ermittelt, welche Erfahrungen Kinder bereits hierzu gemacht und was sie dabei gefühlt haben.

Ein zweiter Schritt ist, gemeinsam darüber nachzudenken, was man bei einer Begegnung alles falsch machen kann – also: In welche „Fettnäpfchen" kann man treten, wenn man Kinder aus einer anderen Kultur willkommen heißt? Dazu gehört, zu erkunden, welche Speiseregeln es gibt. Eine Runde Gummibären zur Begrüßung auszugeben kann schwierig sein, wenn der oder die Neue einer anderen Religion angehört. Sie sind aus Gelatine, also aus tierischem Material gemacht. Muslime essen kein Schwein, Hindus kein Rindfleisch und Buddhisten sind meist Vegetarier. Miteinander Speiseregeln aufzustellen, ist wichtig für eine Willkommensfeier. Es gibt aber auch noch andere Regeln.
In Fernost gilt es zum Beispiel als respektlos, jemanden direkt anzuschauen – man senkt eher den Blick und verbeugt sich. Außerdem sagt man nicht direkt „Nein", sondern drückt dies, oft lächelnd, anders aus. In Afrika und in arabischen Ländern gilt es als unhöflich, zu schnell auf den Punkt zu kommen – man kann daher mit Kindern lernen, wie man „palavert". Schließlich gelten Fußsohlen und Schuhe in arabischen Ländern und in Asien als unrein – daher zieht man in der Moschee und in Tempeln Asiens die Schuhe aus und man lernt, sich so hinzusetzen, dass man seine Fußsohlen nicht dem anderen entgegenstreckt.

Um die Religion des anderen wahrzunehmen, ist es hilfreich, einen Kalender der Religionen einzuführen. Dies kann ein großer Jahres-Wandkalender sein, auf dem religiöse Feste eingetragen werden, die die Kinder feiern. Vorlagen hierzu gibt es vielfach im Internet.

Viele Menschen fühlen sich willkommen, wenn man etwas aus ihrer Sprache kennt. Am besten ist es, wenn man weiß, wie man sich grüßt. Auf dieser Seite findet ihr, was uns Menschen aus vielen Ländern als Begrüßungsworte genannt haben. Manche sind eher förmlich wie „Guten Tag", andere sind persönlich wie ein freundliches „Hallo". Da es in manchen Sprachen viele dieser Grußworte gibt, ist diese Liste ein erster Vorschlag, die ihr ergänzen könnt – vielleicht mit Kindern, die aus einem anderen Land stammen. In einer Kita oder in der Schule könnt ihr ein Plakat mit Grußworten anfertigen.

Sprache	Gruß (Guten Tag, Hallo)
Arabisch:	Salam; Salam aleikum; Marhaban
Chinesisch:	Ni hao (Wen hao)
Dänisch:	God dag
Englisch:	Hello; How are you?
Finnisch:	Hyvää päivää
Französisch:	Salut; Bonjour
Griechisch:	Kalimera, Jassu
Hindi (Indien):	Namaste
Hebräisch:	Schalom
Indonesisch:	Selamat siang
Italienisch:	Buongiorno; Ciao
Japanisch:	Konnichiwa
Koreanisch:	Annyeong haseyo
Kroatisch:	Dobar dan
Niederländisch:	Goedendag
Polnisch:	Dzień dobry
Portugiesisch:	Bom dia
Russisch:	Dobryy djen
Serbisch:	Dobar dan
Spanisch:	Buenos dias; Saludo
Türkisch:	Selam; Merhaba

Man kann miteinander lernen, die Grußworte auszusprechen und weitere Grußworte zu finden, die es noch gibt – schließlich gibt es rund 7000 echte Sprachen. Wenn Kinder aus einer Region kommen, in der Dialekt gesprochen wird, kann auch deren Gruß ergänzt werden, wie zum Beispiel:

Bayerisch:	Grüaß Gott
Österreich:	Grias di
Schweiz:	Grüezi
Friesland:	Moin, Moin

• Gestaltet ein Willkommensplakat der Gruppe oder eine persönliche Willkommenskarte für ein Kind, das neu zu uns kommt.

• Gestaltet ein Blatt, auf dem ihr euch selbst dem anderen vorstellt und das es dem Kind leicht macht, euch kennenzulernen.

© KONTAKTE Musikverlag, 59557 Lippstadt
www.kontakte-musikverlag.de

1. WILLKOMMEN HIER BEI UNS IM HAUS!

Text: Rita Mölders / Musik: Reinhard Horn

Strophe

1. Wer fängt heut mit der Schu - le an?

Klar, das seid ihr! Und wer lernt hier schon Jah - re lang?

Klar, das sind wir! Hier ist

nie - mand ganz al - lein, komm in un - sern Kreis her - ein!

Refrain

Will - kom - men, will - kom - men, will -

kom - men hier bei uns im Haus! Will - kom - men, will -

kom - men und nun erst mal App - laus!

1. Strophe:

Wer fängt heut mit der Schule an?
Klar, das seid ihr!
Und wer lernt hier schon jahrelang?
Klar, das sind wir!
Hier ist niemand ganz allein,
komm in unsern Kreis herein!

Refrain:

Willkommen, willkommen,
willkommen hier bei uns im Haus!
Willkommen, willkommen
und nun erst mal Applaus!

2. Strophe:

Wer sagt dem Kindergarten „Tschau"?
Klar, das seid ihr!
Und wer ist jetzt schon richtig schlau?
Klar, das sind wir!
Rechnen, Schreiben und noch mehr,
ja, das Lernen fällt nicht schwer.

Refrain

 IDEE ZUM LIED:

Das Lied kann in zwei Gruppen gesungen werden. Gruppe A singt in den Strophen die Fragen:
Gruppe A: *„Wer fängt heut mit der Schule an?"*

Gruppe B singt die Antworten:
Gruppe B: *„Klar, das seid ihr!"*

Im Refrain kann im Wechsel zwischen den beiden Gruppen fortgefahren werden:

Gruppe A:	*Willkommen,*
Gruppe B:	*willkommen,*
Gruppe A + B:	*willkommen hier bei uns im Haus!*
Gruppe A:	*Willkommen,*
Gruppe B:	*willkommen*
Gruppe A + B:	*und nun erst mal Applaus!*

2. HEY, HELLO, BONJOUR, GUTEN TAG

Text und Musik: mündl. überliefert / musik. Bearbeitung: Reinhard Horn

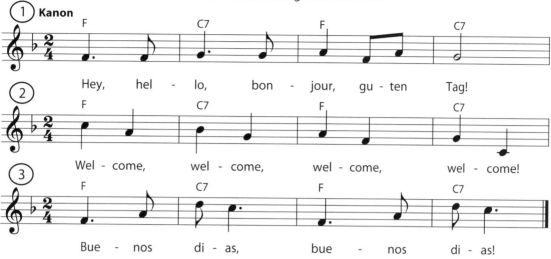

Hey, hel - lo, bon - jour, gu - ten Tag!

Wel - come, wel - come, wel - come, wel - come!

Bue - nos di - as, bue - nos di - as!

Hey, hello, bonjour, guten Tag!
Welcome, welcome, welcome, welcome!
Buenos dias, buenos dias!

IDEE ZUM LIED:

Ein dreistimmiger Kanon, der gut von Kindern gesungen werden kann.

BEWEGUNGSIDEE:

Hey, hello, bonjour, guten Tag! *wird im Sitzen gesungen*
Welcome, welcome, welcome, welcome! *alle stehen auf*
Buenos dias, buenos dias! *die Arme werden nach oben gestreckt*

3. Hallo, hallo, guten Morgen!

Text: trad. / Deutscher Text: Eckart Bücken / Musik: trad. aus Kuba / musik. Bearbeitung: Reinhard Horn

1. Strophe:
Hallo, hallo, guten Morgen,
guten Morgen, ihr seid willkommen!
Hallo, hallo, guten Morgen,
guten Morgen, ihr seid willkommen!

2. Strophe (Spanisch):
Hola, hola, buenos dias,
buenos dias et bienvenidos.

3. Strophe (Englisch):
Hello, hello, good morning,
good morning, you are welcome.

4. Strophe (Italienisch):
Buon giorno e benvenuto,
benvenuto e buon giorno.

5. Strophe (Französisch):
Salut, salut et bonjour,
salut, vous êtes bienvenue.

6. Strophe (Türkisch):
Halo, halo – günaydın (günaidin)
halo, halo – hosbulduk (hoschbuldük)

Weitere mögliche Strophen:

7. Strophe (Arabisch):
Marhaba, marhaba sabah enour
sabah enour, ja, sabah enour.

8. Strophe (Kisuaheli):
Jambo, jambo, jambo,
habari ya asubuhi.

Bewegungsidee:

Hallo, hallo, guten Morgen, guten Morgen,
ihr seid willkommen!

*wir klatschen in die Hände
dem Nachbarn die Hände reichen*

4. Du hast einen Namen

Text: Rita Mölders, Dorothe Schröder / Musik: Reinhard Horn, Rita Mölders, Dorothe Schröder

Du hast einen Namen,
ich hab einen Namen.
Wir gehörn zusammen!
Sag mal: Wie heißt du? (Name gesprochen, z. B. Christian)
Du heißt Christian, und du gehörst dazu!

IDEE ZUM LIED:

Das Lied ist ein wunderbares Interaktionslied:
Wir singen das Lied im Kreis. Das Kind rechts neben dem Spielleiter ist das erste Kind, das seinen Namen laut sagt, wenn es im Lied heißt: „Sag mal: Wie heißt du?"
Nachdem das Kind seinen Namen gesagt hat, singen alle den entsprechenden Namen in der letzten Textzeile. Dann geht es immer rechtsherum, bis alle Kinder ihren Namen gesagt haben.

VARIANTE:

Alle Kinder stehen im Stuhlkreis vor ihren Stühlen. Der Spielleiter wirft einem Kind einen Ball zu. Dieses sagt daraufhin seinen Namen, wirft den Ball einem anderen Kind zu und setzt sich auf seinen Stuhl. Das Lied wird so lange gesungen, bis alle Kinder auf ihren Stühlen sitzen.

© KONTAKTE Musikverlag, 59557 Lippstadt
www.kontakte-musikverlag.de

5. ZUERST, DA FÜHLT MAN SICH NICHT GUT

Text: Rolf Krenzer / Musik: Reinhard Horn

Refrain

C · · · G

Zu - erst, da fühlt man sich nicht gut und
Ich tu, als wär man ich im - mer so. Es

G7 · · · C · · · F · · · Dm7

denkt nur: Mann, oh, Mann! Doch ir - gend - wann, dann
pri - ckelt mir im Bauch. Auf ein - mal bin ich

Em7 · · · Am7 · · · Dm7 · · · G7 · · · C

kriegt man Mut und fängt ganz ein - fach an.
rich - tig froh und spür, du bist es auch!

Strophe C · · · Dm · · · G7 · · · C

1. Fremd zu sein ist schwer – komm ich so da - her –

C · · · Dm7 · · · G7 · · · C

ei - ne neu - e Klas - se – wie ich Fremd - sein has - se!

F · · · G7 · · · C · · · Am7 · · · G7 · · · C

Kei - nen, den ich ken - ne! Hilf, dass ich nicht flen - ne!

F · · · G7 · · · C · · · Dm7 · · · G7

Ei - ner öff - net mir die Tür und sagt: Bit - te hier!

Refrain:
Zuerst, da fühlt man sich nicht gut
und denkt nur: Mann, oh, Mann!
Doch irgendwann, dann kriegt man Mut
und fängt ganz einfach an.
Ich tu, als wär ich immer so.
Es prickelt mir im Bauch.
Auf einmal bin ich richtig froh
und spür, du bist es auch!

1. Strophe:
Fremd zu sein ist schwer – komm ich so daher –
eine neue Klasse – wie ich Fremdsein hasse!
Keinen, den ich kenne! Hilf, dass ich nicht flenne!
Einer öffnet mir die Tür und sagt: „Bitte, hier!"

Refrain

2. Strophe:
Fremd zu sein ist schwer – komm ich so daher –
eine neue Klasse – wie ich Fremdsein hasse!
Lass mich einfach nieder, schlag die Augen nieder,
doch der stößt mich einfach an und sagt: „Ich bin Jan."

Refrain

3. Strophe:
Eine neue Klasse – wie ich Fremdsein hasse!
Fremd zu sein ist schwer – kommt mal wieder wer
neu in unsre Gruppe, ist mir alles schnuppe.
Ich geh, grad so wie ich bin, einfach zu ihm hin.

Refrain

 IDEE ZUM LIED:

Das Lied erzählt von der Situation, wenn man neu in eine Klasse oder Gruppe kommt. So wird das Bauchkribbeln und das Fremdsein sehr einfühlsam beschrieben. Jede der drei Strophen bietet eine Idee an, was man tun kann, um den neuen Mitschüler zu begrüßen:

1. Strophe:	*die Tür aufmachen und sagen: „Bitte hereinkommen!"*
2. Strophe:	*sich mit Namen vorstellen*
3. Strophe:	*auf jemanden zugehen und ihm die Hand reichen*

Die Kinder dürfen sich eine der drei Situationen aussuchen und dazu ein großes Plakat malen.

6. DU BIST MIR FREMD

Text: Rolf Krenzer / Musik: Reinhard Horn

Strophe

1. Du bist mir fremd, ich kenn dich nicht, doch weißt du, was ich tu? Ich ge - he ein - fach zu dir hin und nick dir freund - lich zu! Na -

Refrain

nu, na - nu, na - nu, na - nu, na - nu, ich nick dir freund - lich zu! Na - nu, na - nu, na - nu, na - nu, na - nu, was sagst du denn da - zu?

1. Strophe:
Du bist mir fremd,
ich kenn dich nicht,
doch weißt du, was ich tu?
Ich gehe einfach zu dir hin
und nick dir freundlich zu!

Refrain:
Nanu, nanu,
nanu, nanu, nanu,
ich nick dir freundlich zu!
Nanu, nanu,
nanu, nanu, nanu,
was sagst du denn dazu?

2. Strophe:
Du bist mir fremd,
ich kenn dich nicht,
doch weißt du, was ich tu?
Ich gehe einfach zu dir hin
und lach dir fröhlich zu.

Refrain:
Nanu, nanu,
nanu, nanu, nanu,
ich lach dir fröhlich zu.
Nanu, nanu,
nanu, nanu, nanu,
was sagst du denn dazu?

3. Strophe:
Du bist mir fremd,
ich kenn dich nicht,
doch weißt du, was ich tu?
Ich gehe einfach zu dir hin
und sage: „Hallo, du!"

Refrain:
Nanu, nanu,
nanu, nanu, nanu,
ich sage: „Hallo, du!"
Nanu, nanu,
nanu, nanu, nanu,
was sagst du denn dazu?

4. Strophe:
Wir warn uns fremd
und hatten uns
noch nie zuvor gesehn.
Dass wir jetzt beste Freunde sind,
das könnt ihr wohl verstehn.

Refrain:
Juchhu, juchhu,
juchhu, juchhu, juchhu,
das könnt ihr alle sehn.
Juchhu, juchhu,
juchhu, juchhu, juchhu,
das könnt ihr wohl verstehn!

BEWEGUNGSIDEE:

Alle Kinder sitzen im Kreis.

1. Strophe: *Ein Kind geht durch den Kreis, bleibt vor einem anderen Kind stehen und nickt ihm zu. Das Kind nickt ebenfalls.*

Refrain: *Alle Kinder singen gemeinsam „nanu, nanu …" und nicken mit dem Kopf dazu. Am Ende gehen die beiden Kinder gemeinsam durch den Kreis.*

2. Strophe: *Die beiden Kinder gehen durch den Kreis, bleiben vor zwei Kindern stehen und lachen ihnen zu. Die beiden sitzenden Kinder lachen zurück.*

Refrain: *Alle Kinder singen gemeinsam „nanu, nanu …" und lachen dazu. Am Ende gehen die vier Kinder gemeinsam durch den Kreis.*

3. Strophe: *Die vier Kinder gehen durch den Kreis, bleiben vor vier Kindern stehen und winken ihnen zu und sagen: „Hallo, du!"*

Refrain: *Alle Kinder singen gemeinsam „nanu, nanu …" und winken ihnen zu. Am Ende stehen alle Kinder auf.*

4. Strophe: *Die Kinder geben sich die Hand.*

Refrain *Bei „Juchhu" werden die Arme nach oben gestreckt.*

7. Geht einer auf den andern zu

Text: Rolf Krenzer / Musik: Reinhard Horn

① Kanon

C · · · D7 · · · G · · · Em

Geht ei - ner auf den an - dern zu

②

C · · · D7 · · · G · · · Em

und lädt ihn zu sich ein,

③

C · · · D7 · · · G · · · Em

wird kei - ner auf der gro - ßen Welt

④

C · · · D7 · · · G · · · Em

mehr ganz al - lei - ne sein.

Bewegungsidee:

Geht einer auf den andern zu	*im Kreis stehen; beide Hände zum Nachbarn strecken*
und lädt ihn zu sich ein,	*sich die Hände reichen und drücken*
wird keiner auf der großen Welt	*voreinander stehen und mit beiden Händen „die große Welt" zeigen*
mehr ganz alleine sein.	*sich ganz fest umarmen*

Variante:

Geht einer auf den andern zu	*eine(r) beginnt und geht auf eine(n) anderen zu*
und lädt ihn zu sich ein,	*mit beiden Händen eine einladende Begwegung machen; der Partner steht auf*
wird keiner auf der großen Welt	*beide machen mit den Armen eine große Erdkugel als Bewegung*
mehr ganz alleine sein.	*beide umarmen sich, dann gehen beide los und suchen sich jeweils einen neuen Partner*

Dann beginnt das Lied von vorne. Beim nächsten Mal suchen sich dann vier, acht usw. einen neuen Partner. Es wird solange gesungen, bis keiner mehr sitzt und alle beteiligt sind.

8. KINDER, KINDER

Text: Reinhard Feuersträter / Musik: Reinhard Horn

Refrain

Kin-der, Kin-der, wir sind Kin-der ei-ner Welt!

Kin-der, Kin-der, Kin-der ei-ner Welt!

Strophe

1. Ob du gelb bist o-der weiß, wir sind Kin-der ei-ner Welt! Ob du rot bist o-der schwarz, wir sind Kin-der die-ser Welt!

Refrain:
Kinder, Kinder,
wir sind Kinder einer Welt!
Kinder, Kinder,
Kinder einer Welt!

1. Strophe:
Ob du gelb bist oder weiß,
wir sind Kinder einer Welt!
Ob du rot bist oder schwarz,
wir sind Kinder dieser Welt!

Refrain

2. Strophe:
Ob du Moslem, Jude, Christ,
wir sind Kinder einer Welt!
Ob du Hindu oder Buddhist,
wir sind Kinder dieser Welt!

Refrain

3. Strophe:
Ob du arm bist oder reich,
wir sind Kinder einer Welt!
Ob du traurig oder froh,
wir sind Kinder dieser Welt!

Refrain

4. Strophe:
Ob du nah bist oder fern,
wir sind Kinder einer Welt!
Ob du klein bist oder groß,
wir sind Kinder dieser Welt!

Refrain

BEWEGUNGSIDEE:

Refrain:

Kinder,	*rechten Arm nach oben strecken*
Kinder,	*linken Arm nach oben strecken*
wir sind Kinder einer Welt!	*mit beiden Armen eine große Weltkugel darstellen*
Kinder,	*rechten Arm nach oben strecken*
Kinder,	*linken Arm nach oben strecken*
Kinder einer Welt!	*mit beiden Armen eine große Weltkugel darstellen*

1. Strophe:

Ob du gelb bist	*rechte Hand mit Handfläche nach oben und vorne strecken*
oder weiß,	*linke Hand mit Handfläche nach oben und vorne strecken*
wir sind Kinder einer Welt!	*mit beiden Armen eine große Weltkugel darstellen*
Ob du rot bist	*rechte Hand mit Handfläche nach oben und vorne strecken*
oder schwarz,	*linke Hand mit Handfläche nach oben und vorne strecken*
wir sind Kinder dieser Welt!	*mit beiden Armen eine große Weltkugel darstellen*

Die anderen Refrains und Strophen werden genauso dargestellt.

VARIANTE:

Alle Kinder erhalten bunte Tücher (einfarbig gelb, rot, blau, grün, weiß …).
Die Tücher werden nach oben gestreckt und mit ihnen wird die Weltkugel dargestellt.

© KONTAKTE Musikverlag, 59557 Lippstadt
www.kontakte-musikverlag.de

9. JEDER IST GLEICH VERSCHIEDEN

Text: Dorothe Schröder / Musik: Reinhard Horn

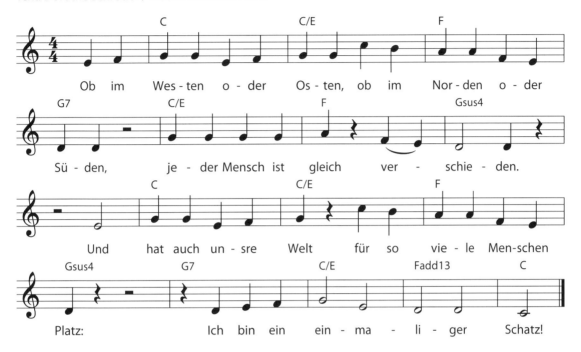

Ob im Wes-ten o-der Os-ten, ob im Nor-den o-der Sü-den, je-der Mensch ist gleich ver - schie - den. Und hat auch un-sre Welt für so vie-le Men-schen Platz: Ich bin ein ein-ma - li-ger Schatz!

Ob im Westen oder Osten,
ob im Norden oder Süden,
jeder Mensch ist gleich verschieden.
Und hat auch unsre Welt
für so viele Menschen Platz:
Ich bin ein einmaliger Schatz!

BEWEGUNGSIDEE:

Ob im Westen	*linken Arm zur Seite strecken*
oder Osten,	*rechten Arm zur Seite strecken*
ob im Norden	*linken Arm nach oben strecken*
oder Süden,	*rechten Arm nach unten strecken*
jeder Mensch ist gleich verschieden.	*Hände auf die Schultern des Nachbarn legen*
Und hat auch unsre Welt	*beide Arme hoch und zur Seite (die Weltkugel „malen")*
für so viele Menschen Platz:	*geöffnete Hände vor dem Körper halten*
Ich bin ein einmaliger Schatz!	*beide Hände aufs Herz legen*

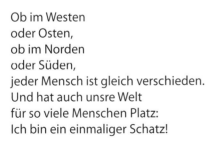

10. FUSSBALL, FOOTBALL, SOCCER

Text: Eckart Bücken / Musik: Reinhard Horn

Refrain

Fuß-ball, foot-ball, soc-cer, chuk-gu, cal - cio,
(tschu-ku) (kal - tscho)

pied - pil-ko, se-pak-bo - la, Fuß-ball ver-bin-det die Welt.

Knatt-spyr-na, ja - ka-pal - lo, ib - ho-la, pil-ka-noz - na,
(pjiu-ka - na)

Fuß-ball ver-bin-det die Welt. Fuß - ball ver - bin - det die

Welt.

Strophe

1. Mit Pe - dro lässt sich su - per ki - cken, er ist ein Künst - ler

© KONTAKTE Musikverlag, 59557 Lippstadt
www.kontakte-musikverlag.de

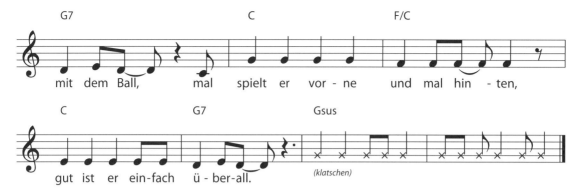

G7		C		F/C

mit dem Ball, mal spielt er vor-ne und mal hin-ten,

C		G7	Gsus

gut ist er ein-fach ü - ber-all.   *(klatschen)*

Refrain:
Fußball, football, soccer,
chukgu, calcio,
piedpilko, sepakbola,
Fußball verbindet die Welt.
Knattspyrna, jalkapallo,
ibhola, pilka nozna,
Fußball verbindet die Welt,
Fußball verbindet die Welt!

1. Strophe:
Mit Pedro lässt sich super kicken,
er ist ein Künstler mit dem Ball,
mal spielt er vorne und mal hinten,
gut ist er einfach überall. *Refrain*

2. Strophe:
Der Kiko spielt Ball mit den Händen,
der ist aus Leder, voll mit Gras,
er wird gestoßen und geworfen,
den Kindern macht das sehr viel Spaß. *Refrain*

3. Strophe:
Chandini sieht gern zu beim Spielen.
Doch sind die Brüder mit dabei,
will sie die kräftig unterstützen
mit lautem Klatschen und Geschrei. *Refrain*

4. Strophe:
Die Anna spielt mit bei den Frauen,
verteidigt und beschützt das Tor.
Sie ist beliebt in ihrer Mannschaft,
ein Gegentor kommt selten vor. *Refrain*

IDEE ZUM LIED:

Im Refrain kommen verschiedene Sprachen vor:

Fußball	Deutsch	**sepakbola**	Indonesisch
football	Englisch	**knattspyrna**	Isländisch
soccer	Amerikanisch	**jalkapallo**	Finnisch
chukgu	Koreanisch	**ibhola**	Zulu (Südafrika)
calcio	Italienisch	**pilka nozna**	Polnisch
piedpilko	Esperanto		

Die Kinder malen die Flaggen der jeweiligen Länder und halten sie beim Singen hoch.
Oder es werden T-Shirts mit den Flaggen bedruckt.

VIDEO ZUM LIED:
www.k-mv.eu/video/fussballfootballsoccer

11. AUF DEM BUNTEN ERDENBALL

Text: Daniela Dicker / Musik: Reinhard Horn

Strophe

1. Auf den Fo - tos aus dem All siehst du un - sern Er - den - ball rund und bunt und wun - der - schön, und er kann sich drehn.

Refrain Kin - der gibt es ü - ber - all auf dem bun - ten Er - den - ball. Je - des Kind will spie - len und ganz ein - fach glück - lich sein. Spie - len geht zu - sa - men doch viel bes - ser als al - lein!

1. Strophe:
Auf den Fotos aus dem All
siehst du unsern Erdenball,
rund und bunt und wunderschön,
und er kann sich drehn.

Refrain:
Kinder gibt es überall
auf dem bunten Erdenball.
Jedes Kind will spielen
und ganz einfach glücklich sein.
Spielen geht zusammen
doch viel besser als allein.

2. Strophe:
Pedro spielt am Nachmittag,
das, was er am liebsten mag:
Fußball auf ein kleines Tor.
Jorge steht davor!

3. Strophe:
Laila wirft den Ball weit weg,
und das hat nur einen Zweck,
dass Katinka fangen kann.
Jede ist mal dran.

Refrain

4. Strophe:
Simon gibt den Ball nie ab,
und dann macht er ganz schnell schlapp.
Tim, der nur daneben steht,
sagt: „Das ist doch blöd!"

5. Strophe:
Ole hat mit viel Geschick
lang geübt und kann 'nen Trick.
Für die Mannschaft ist es klar:
Ole wird ein Star!

Refrain

6. Strophe:
Alle Kinder, nah und fern,
spielen nun mal einfach gern,
hier und da und überall
auf dem Erdenball.

 IDEE ZUM LIED:

Es gibt große Bälle als Erde bedruckt.

Beim Refrain wird solch ein Ball von den Kindern, die im Kreis stehen,
durch den Kreis gerollt oder über den Kopf vorsichtig weitergereicht.

In den Strophen bleiben die Kinder im Kreis ruhig stehen und singen die Strophentexte.

© KONTAKTE Musikverlag, 59557 Lippstadt
www.kontakte-musikverlag.de

12. So gross wie ein Baum

Text: Reinhard Feuersträter / Musik: Reinhard Horn

1. So groß wie ein Baum, so stark wie ein Bär, so tief wie ein Fluss soll uns-re Freund-schaft sein.

1. Strophe:
So groß wie ein Baum,
so stark wie ein Bär,
so tief wie ein Fluss
soll unsre Freundschaft sein.

2. Strophe:
So weit wie das Meer,
so hoch wie ein Haus,
so hell wie ein Stern
soll unsre Freundschaft sein!

3. Strophe:
So bunt wie ein Bild,
so breit wie der See,
so schön wie der Wald
soll unsre Freundschaft sein!

4. Strophe:
So lang wie die Zeit,
so frei wie der Wind,
so froh wie ein Lied
soll unsre Freundschaft sein!

BEWEGUNGSIDEE:

So groß wie ein Baum,	*die Arme über den Kopf hochrecken*
so stark wie ein Bär,	*wie ein Ringer auf die Muskeln zeigen*
so tief wie ein Fluss …	*in die Hocke gehen*
So weit wie das Meer,	*die Arme ausbreiten*
so hoch wie ein Haus,	*hochrecken, die Hände über den Kopf legen, wie ein Dach*
so hell wie ein Stern …	*mit dem Finger zeigen, wo die Sterne am Himmel stehen*
So bunt wie ein Bild,	*pantomimisch auf einer Leinwand ein Bild malen*
so breit wie der See,	*die Arme ausbreiten*
so schön wie ein Wald …	*die Hände wie eine Baumkrone über dem Kopf halten*
So lang wie die Zeit,	*mit dem Finger im einen Kreis in die Luft malen (im Uzs.)*
so frei wie der Wind,	*die ausgebreiteten Arme heben und senken*
so froh wie ein Lied …	*in die Luft springen*

VIDEO ZUM LIED:
WWW.K-MV.EU/VIDEO/SOGROSSWIEEINBAUM

© KONTAKTE Musikverlag, 59557 Lippstadt
www.kontakte-musikverlag.de

13. FANG MIT MIR DEN REGENBOGEN

Text: Dorothe Schröder / Musik: Reinhard Horn

Fang mit mir den Re - gen - bo - gen! Ruf mich
an, auch nachts um vier! End - lich
ei - ner, der zu mir hält! Uns trennt
nichts, das spü - ren wir! Nicht Ge -
schwätz und dum - me Sprü - che, Don - ner -
groll und Son - nen - stich!
Ehr - lich, ich habs gut, denn
ich ha - be dich! dich!

Fang mit mir den Regenbogen!
Ruf mich an, auch nachts um vier!
Endlich einer, der zu mir hält!
Uns trennt nichts, das spüren wir!
Nicht Geschwätz und dumme Sprüche,
Donnergroll und Sonnenstich!
Ehrlich, ich habs gut,
denn ich habe dich!
Ehrlich, ich habs gut,
denn ich habe dich!

Bewegungsidee:

Fang mit mir den Regenbogen!	*einen Regenbogen darstellen*
Ruf mich an auch nachts um vier!	*mit der Hand einen Telefonhörer darstellen*
Endlich einer, der zu mir hält!	*beide Hände auf die Brust legen*
Uns trennt nichts, das spüren wir!	*beide Arme kreuzen*
Nicht Geschwätz und dumme Sprüche,	*mit einer Hand einen sprechenden Mund darstellen*
Donnergroll und Sonnenstich!	*Hände rollen übereinander*
Ehrlich, ich habs gut,	*Hand auf die Stirn legen*
denn ich habe dich!	*Daumen hoch*
Ehrlich, ich habs gut,	*auf sich selbst zeigen*
denn ich habe dich!	*dem Nachbarn die Hand reichen*

Idee zum Lied:

Die Anfangsbuchstaben des Liedtextes ergeben das Wort „FREUNDE". Die Buchstaben können auf Plakate gemalt werden, die die Kinder dann bei der entsprechenden Textzeile hochhalten. Am Ende des Liedes ist dann das Wort „FREUNDE" vollständig zu sehen.

Video zum Lied:
WWW.K-MV.EU/VIDEO/FANGMITMIRDENREGENBOGEN

14. Wir brauchen Kinder

Text: Rita Mölders / Musik: Reinhard Horn

1. Strophe:
Wir brauchen Kinder, die gern spielen.
Wir brauchen Kinder, die sich traun.
Wir brauchen Kinder, die viel träumen
und tolle Burgen baun.

2. Strophe:
Wir brauchen Menschen, die verzeihen.
Wir brauchen Menschen, die verstehn.
Wir brauchen Menschen, die was wagen
und neue Wege gehn.

3. Strophe:
Wir brauchen Flügel, um zu fliegen.
Wir brauchen Beine, um zu stehn.
Wir brauchen Arme, um zu halten,
und Augen, um zu sehn.

4. Strophe:
Wir brauchen Wärme, um zu bleiben.
Wir brauchen Liebe, die uns hält.
Wir brauchen Stärke für den andern
und Kraft für diese Welt.

5. Strophe:
Wir brauchen Farben, um zu leuchten.
Wir brauchen ROT und GELB und BLAU.
Wir brauchen keine Einheitsfarben –
das weiß ich ganz genau!

© KONTAKTE Musikverlag, 59557 Lippstadt
www.kontakte-musikverlag.de

IDEE ZUM LIED:

Die Kinder malen zu den Aussagen des Liedes Bilderplakate:

Wir brauchen Kinder, die gern spielen.	*spielende Kinder*
Wir brauchen Kinder, die sich traun.	*mutige Kinder*
Wir brauchen Kinder, die viel träumen	*ein Traumbild*
und tolle Burgen baun.	*eine Burg*

Die anderen Strophen werden genauso gestaltet.

Am Ende werden alle Bilder auf einer Wäscheleine präsentiert oder als großes Bild zusammengeklebt. Alle Bilder können auch eingescannt, als Power-Point-Präsentation zusammengestellt und mit dem Beamer zum Singen projiziert werden.

VARIANTE:

Die Kinder überlegen sich selbst Bewegungen zu den einzelnen Textzeilen.

Das „Spiel ohne Worte"

von Ulrich Walter nach einer Spielidee aus Afrika

Wenn Menschen aus einem fremden Land zu uns kommen oder wenn wir in ein fremdes Land kommen, dessen Sprache wir nicht verstehen, dann können uns alte und einfache Kinderspiele helfen, einander vertraut zu machen. Wir können sie miteinander ohne Worte, aber mit viel Spaß lernen.

Wir brauchen nur drei kleine Kieselsteine und ein großes Blatt Papier bzw. eine freie Stelle im Sand.

Das „Spiel ohne Worte" ist aus Afrika überliefert. Die Kinder dort spielen es im Sand. Dazu wird eine große Spirale oder eine „Zielscheibe" (mit vielen Kreisen) aufgemalt. Der Spielplan kann aber auch zum Beispiel auf ein großes Stück Tapete gemalt werden.

Dann setzen sich zwei Kinder gegenüber. An den äußersten Kreis malen sie einen Start und jedes Kind legt einen kleinen Stein hinein. Ein Kind nimmt den dritten Stein und beide Hände hinter den Rücken. Dann streckt es seinem Gegenüber beide Hände geschlossen entgegen. Das andere Kind zeigt auf die Hand, in der es den Stein vermutet. Hat es richtig geraten, legt es seinen Stein vom Start in die erste Reihe und bekommt den Ratestein. Hat es falsch geraten, legt das andere Kind seinen Stein eine Reihe vor und versteckt den Ratestein noch einmal. So geht das Spiel immer weiter, bis der erste Stein eines Kindes in der Mitte angekommen ist. Und schon haben zwei Kinder sich besser kennengelernt, und das ganz spielerisch ...

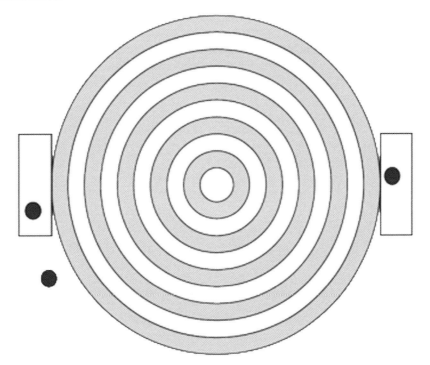

Der Kinderliedermacher Reinhard Horn

„Gute Geschichten und gute Lieder sind Seelenproviant für Kinder"

Zum Schluss eine kleine Geschichte:
„Der hl. Jakob ist mit seinem Jünger unterwegs. Es wurde Abend und die beiden schlagen das Zelt auf, legen sich hinein und schlafen ein. Mitten in der Nacht wird der hl. Jakob wach, zupft seinen Jünger am Ärmel und fragt ihn: „Was siehst du?" Der reibt sich den Schlaf aus den Augen, schaut zum Himmel und antwortet: „Die Sterne!" – „Und? Was sagt dir das?", will der hl. Jakob wissen. Und da holt der Jünger – in einer großen religiösen Begeisterung aus und schwärmt davon, dass Gott alles geschaffen hat. Die Sterne, den Himmel, das Weltall, die Sonne, die Erde, … „Willst du wissen, was es mir sagt?" unterbricht der hl. Jakob den Jünger. „Erzähl!" – „Uns haben sie das Zelt geklaut!"
Ich finde, dass diese Geschichte gut zu den Menschen passt, die mit Kindern täglich zusammen sind und zusammenarbeiten: Zum einen braucht man diesen Blick zu den Sternen – die Kinder auf dem Weg zu ihren eigenen Sternen zu begleiten, ist eine wundervolle Aufgabe. Zum anderen gilt es aber auch, darauf aufzupassen, dass man uns nicht „das Zelt" klaut im Blick auf die Frage der Situation der Kinder in unserer Gesellschaft.

Gute Geschichten und gute Lieder erzählen immer wieder von diesem „Blick zu den Sternen", ermutigen und stärken Kinder, den Weg zu ihren eigenen Sternen zu gehen. Sie sind aber auch in besonderer Weise geeignet, Kinder in ihren Entwicklungsmöglichkeiten zu unterstützen. Der Neurologe Prof. Dr. Manfred Spitzer spricht von den vier wichtigen Schulfächer für Kinder: Musik, Kunst, Sport und Theater – u.a. deswegen, weil in allen vier Fächern „Selbstwirksamkeitserfahrungen" von Kindern ermöglicht werden.

Gerade zu einer „Willkommenskultur" gehört es, den Kindern, die neu in eine Gruppe kommen, Möglichkeiten und Räume zu geben für diese Selbstwirksamkeitserfahrungen.
Kinder wollen an dieser Welt mitwirken, sie wollen diese Welt mitgestalten, sie wollen „Held in ihrem eigenen Film sein". Das gilt gerade auch für die, die sich noch fremd fühlen.
Kinder brauchen diese „Bullerbü-Erfahrungen", um zu spüren und auszudrücken: „Ja, ich habe die Fähigkeit an dieser Welt mitzuwirken und diese Welt mitzugestalten." Und hierbei stellen Musik, Kunst, Sport und Theater ganz wesentliche Zugänge zur Mitgestaltung, zur Selbstwirksamkeit, zu den „Bullerbü-Erfahrungen" her.

Und vielleicht gibt es da ja etwas, was ein „neues Kind" besonders gut kann - es kann besonders gut singen, malen, es ist besonders sportlich oder es kann toll auf einer Bühne mitspielen. Diese Räume sind ideal um aus „Fremden" Freunde werden zu lassen.
Gute Geschichten und gute Lieder sind Seelenproviant für Kinder!
Ich wünsche mir dies für unsere Kinder!

Reinhard Horn
Lippstadt, im September 2015

Die CD

Audio-CD:

1. Willkommen hier bei uns im Haus!
2. Hey, hello, bonjour, guten Tag
3. Hallo, hallo, guten Morgen!
4. Du hast einen Namen
5. Zuerst, da fühlt man sich nicht gut
6. Du bist mir fremd
7. Geht einer auf den andern zu
8. Kinder, Kinder
9. Jeder ist gleich verschieden
10. Fussball, football, soccer
11. Auf dem bunten Erdenball
12. So groß wie ein Baum
13. Fang mit mir den Regenbogen
14. Wir brauchen Kinder

Bonus:
15. Happy Birthday (Englisch)
16. Happy Birthday (Arabisch)
17. Happy Birthday (Italienisch)
18. Happy Birthday (Spanisch)
19. Happy Birthday (Portugiesisch)

CD: 14 Lieder plus Bonus-Songs „Happy Birthday"
ISBN 978-3-89617-288-4 (KONTAKTE Musikverlag)
ISBN 978-3-934-528-39-0 (VBE Verlag NRW GmbH)

Unter **www.kontakte-downloadshop.de** erhalten Sie zusätzlich:

• die Playbacks aller Lieder als Album oder Einzeldownload
  (Album: 9,99 € / Einzeltrack 1,29 €]

• das Lied „Happy Birthday" in den Sprachen: Albanisch, Arabisch,
  Chinesisch, Deutsch, Englisch, Estnisch, Französisch, Indisch, Italienisch,
  Japanisch, Kroatisch, Niederländisch, Norwegisch, Portugiesisch, Russisch,
  Spanisch, Tschechisch, Türkisch, Ungarisch, Vietnamesisch und als
  Fantasielied in vielen Sprachen!
  (Album 5,99 € / Einzeltrack 1,29 €)

© KONTAKTE Musikverlag, 59557 Lippstadt
www.kontakte-musikverlag.de

PRAKTISCH! Musicals – DIE NEUE MUSICAL-REIHE

1000 Farben hat die Welt
PRAKTISCH! Musicals 1
Das Musical für Kinder ab 6 Jahren

Idee: R. Mölders, D. Schröder, Text: D. Schröder
Musik: R. Horn

Die Egalos haben die Farben gestohlen und wollen alles grau machen – aber die beiden Clowns Colorida und Vario holen die Farben mit Hilfe der Kinder zurück! Sie reisen durch die Welt und finden die Farben wieder. So bunt ist unsere Welt!

FREMDE WERDEN FREUNDE
PRAKTISCH! Musicals 2
Das Musical für Kinder ab 3 Jahren

Text: H. Egert, A. Hütter, R. Krenzer
Musik: R. Horn

Ein wunderbare Geschichte von den Kindern in Gelbland und Blauland, die zeigt, wie aus Fremden Freunde werden können.

Alle Kinder können begeistert mitmachen!

IMMER KOMPLETTE AUFFÜHRUNGSPAKETE!
Ein Aufführungspaket besteht aus Heft inkl. Aufführungslizenz und Tipps zur Aufführung, enhanced-CD mit allen Liedern und Playbacks und Bühnenhintergrund zum Projizieren.

Das Aufführungspaket: Heft 28 Seiten
ISBN 978-3-89617-272-3

Zielgruppe: Grundschule, Gemeinde
von 6 bis 11 Jahren

Das Aufführungspaket: Heft 24 Seiten
ISBN 978-3-89617-273-0

Zielgruppe: Kindergarten, Gemeinde
von 3 bis 6 Jahren